THIS BOOK BELONG TO ------------

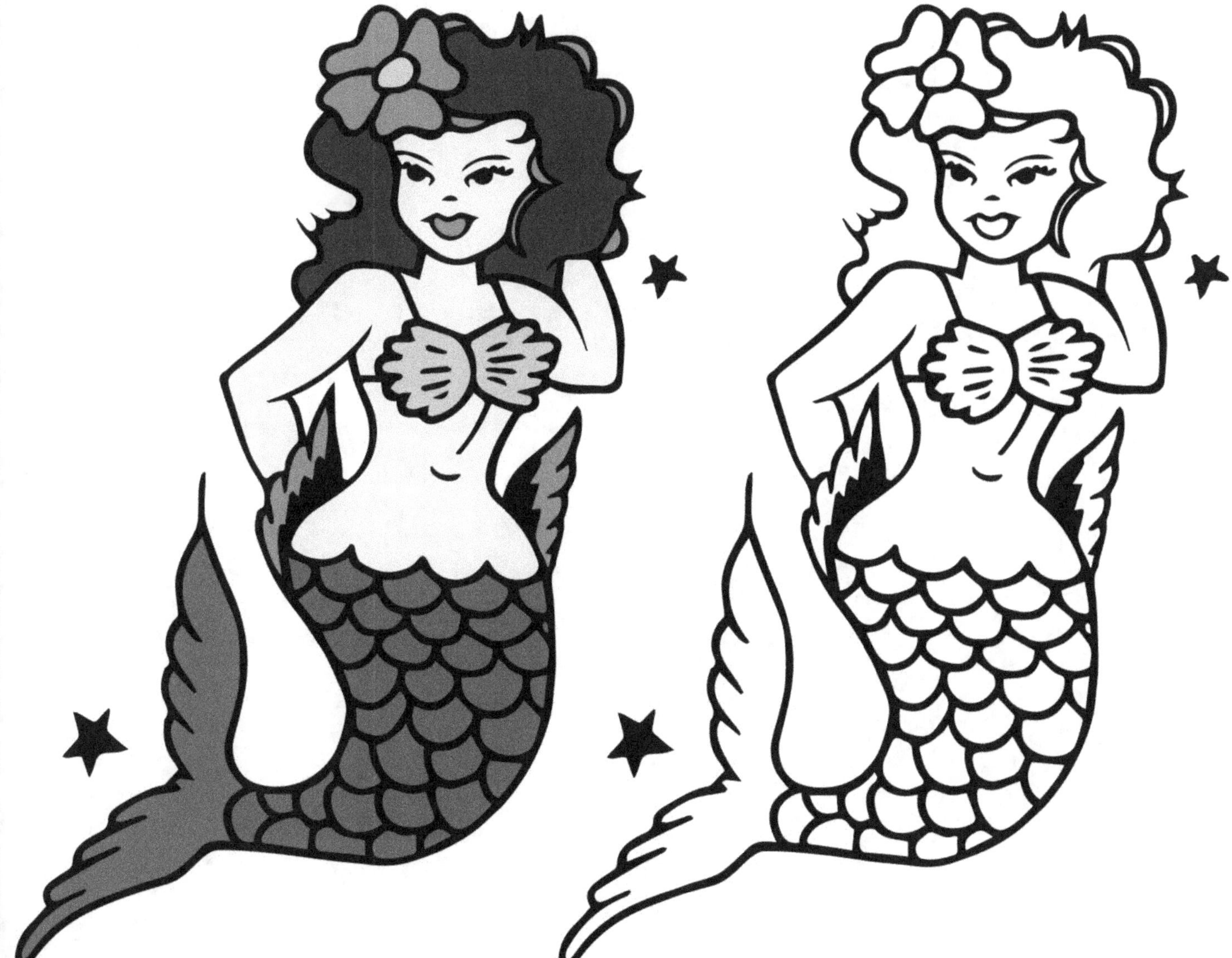

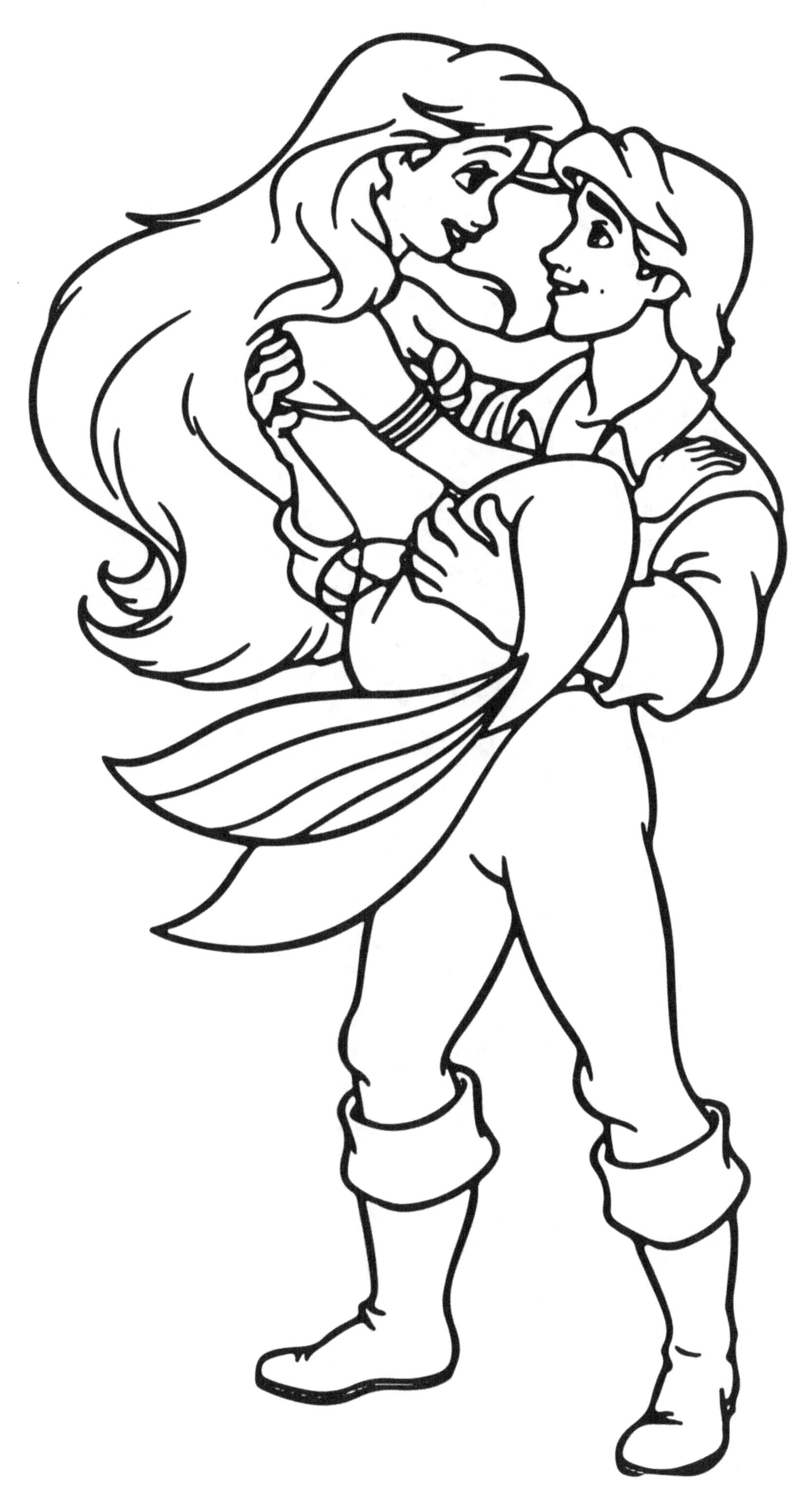

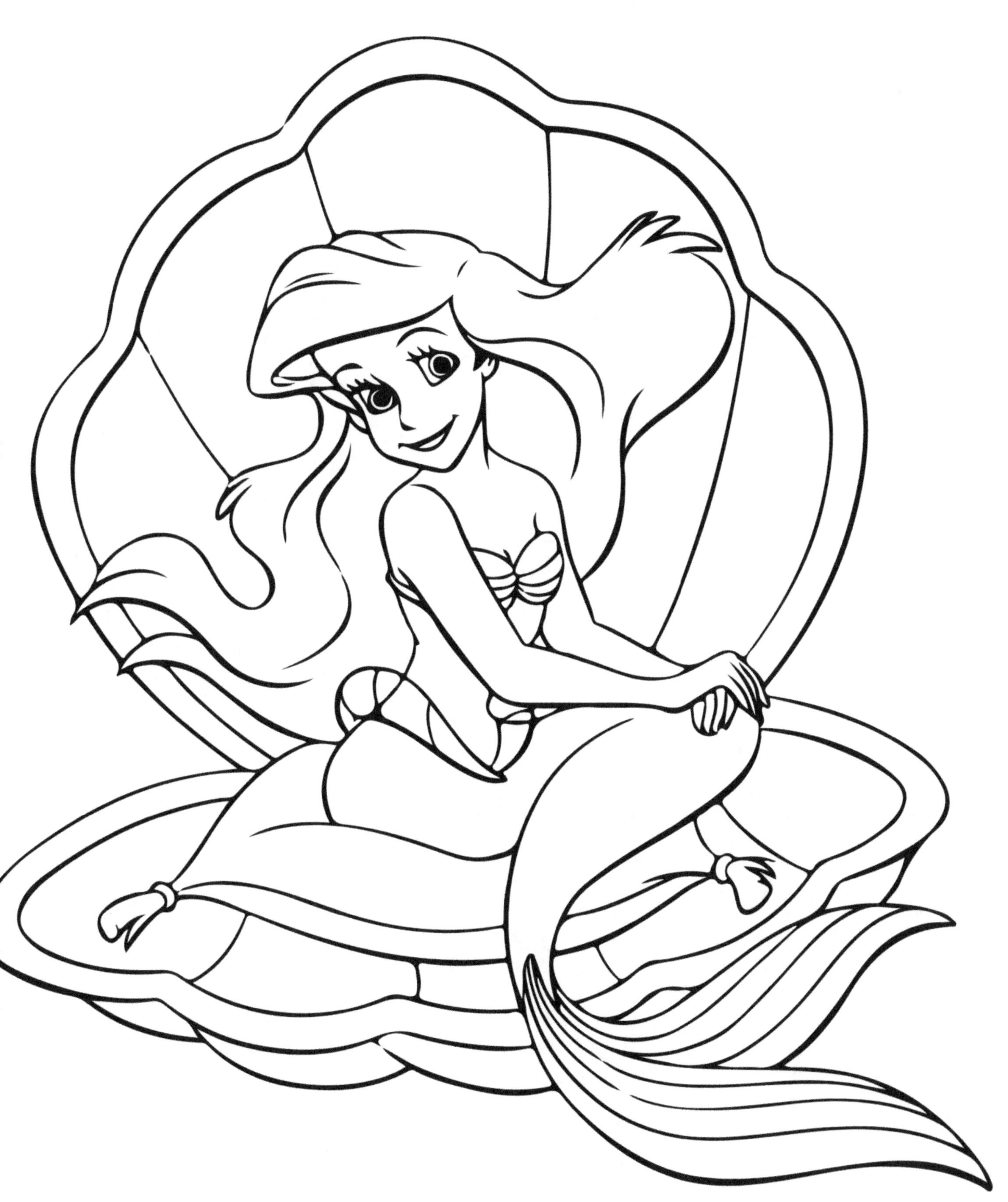

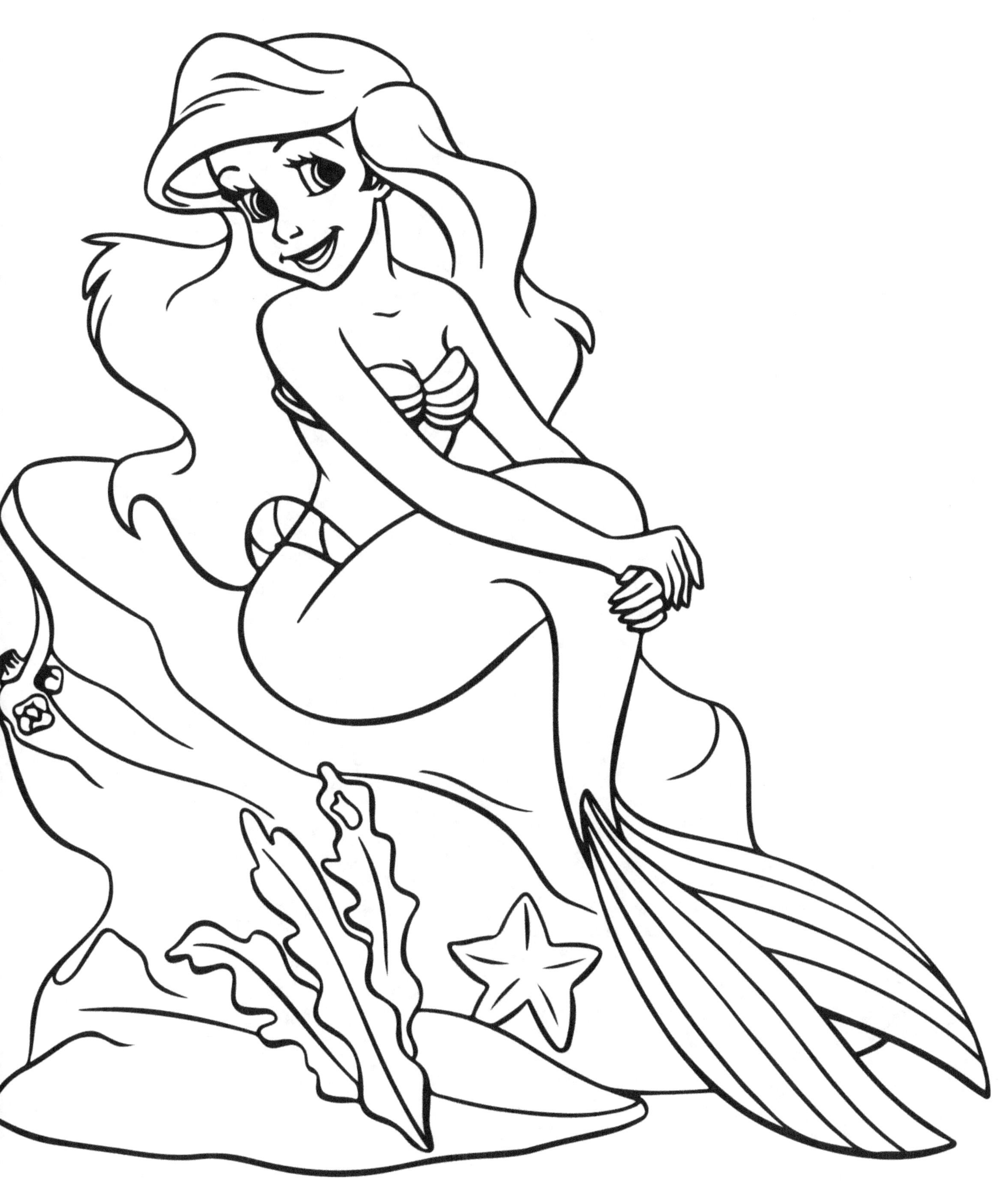

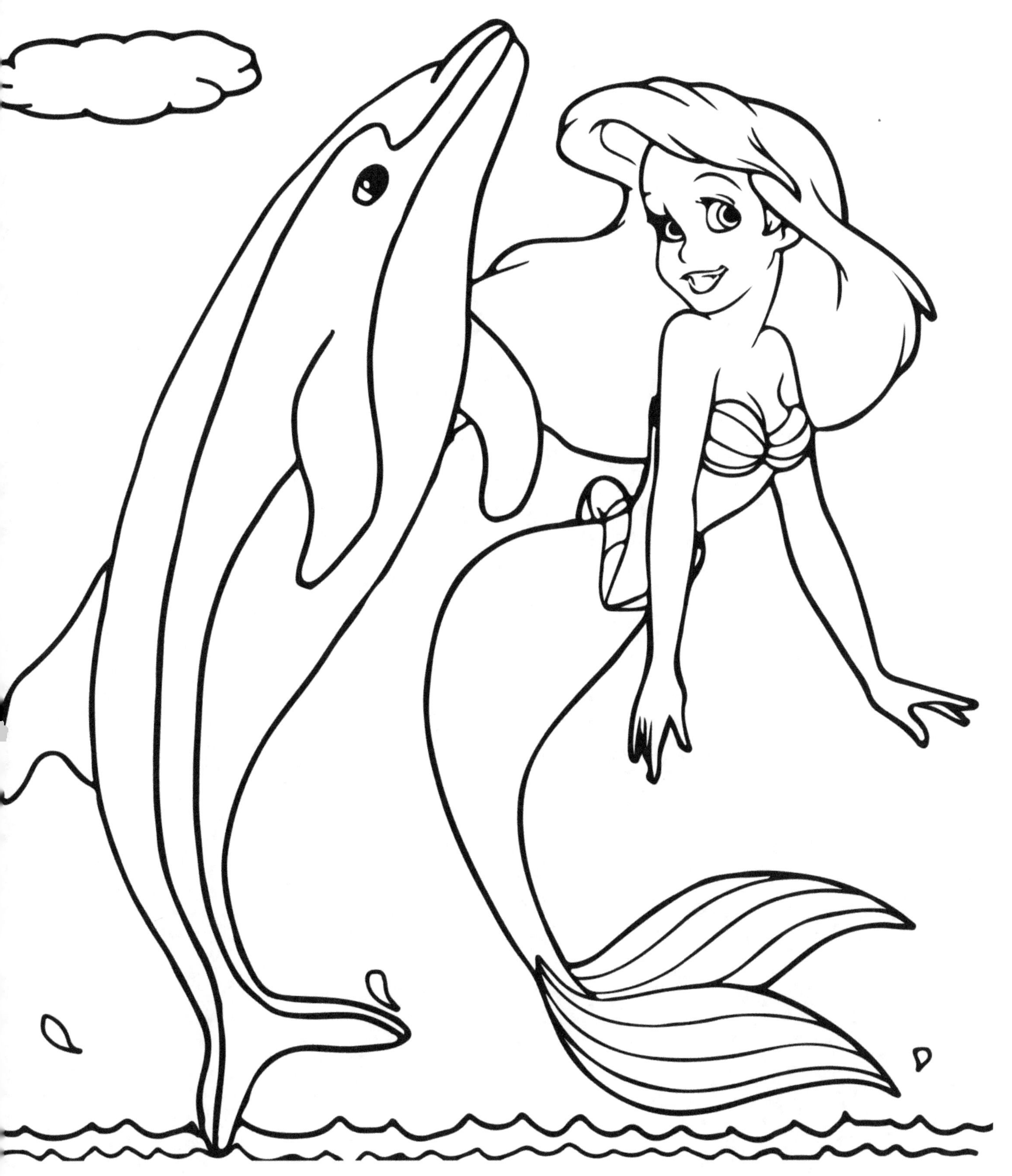

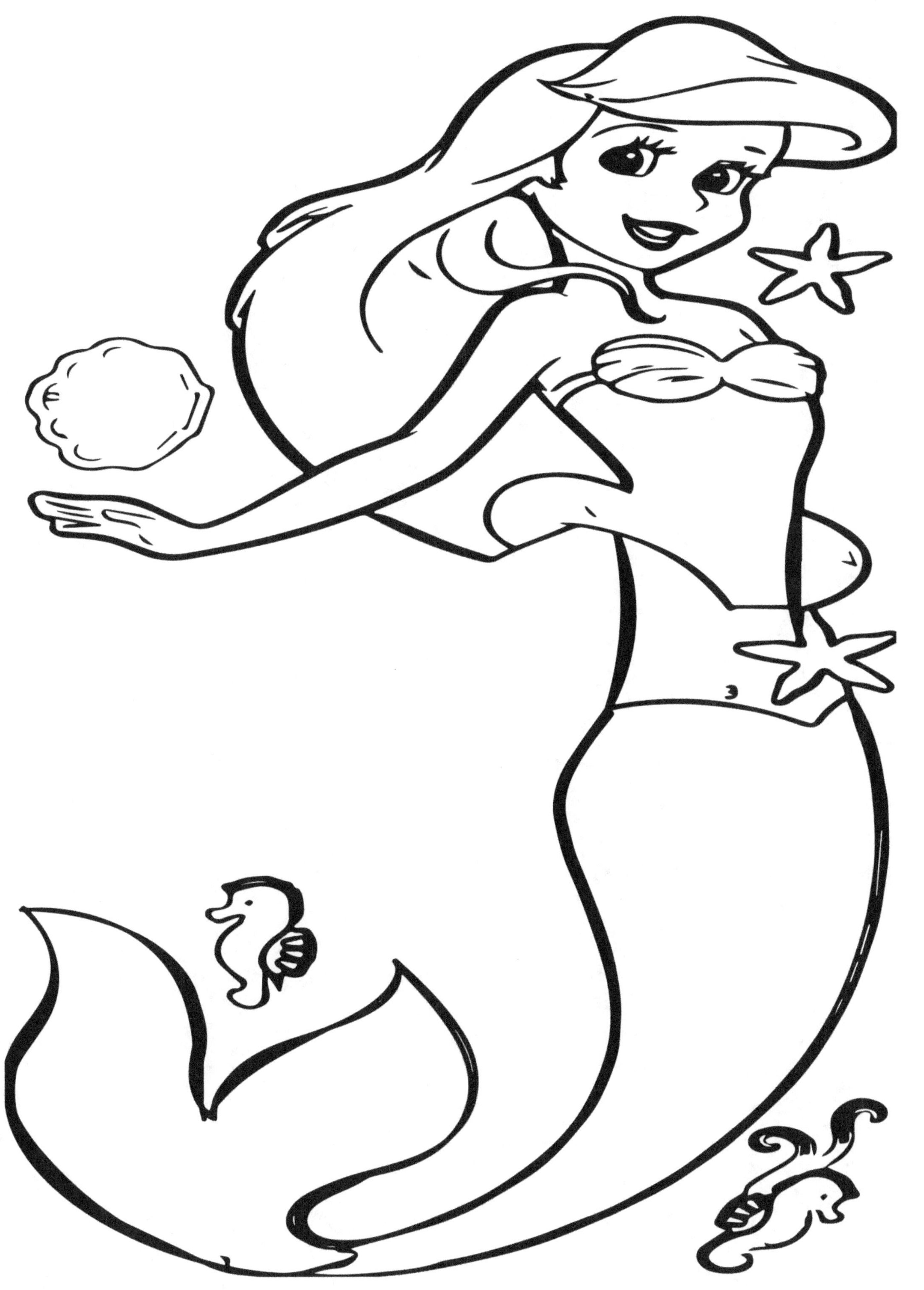

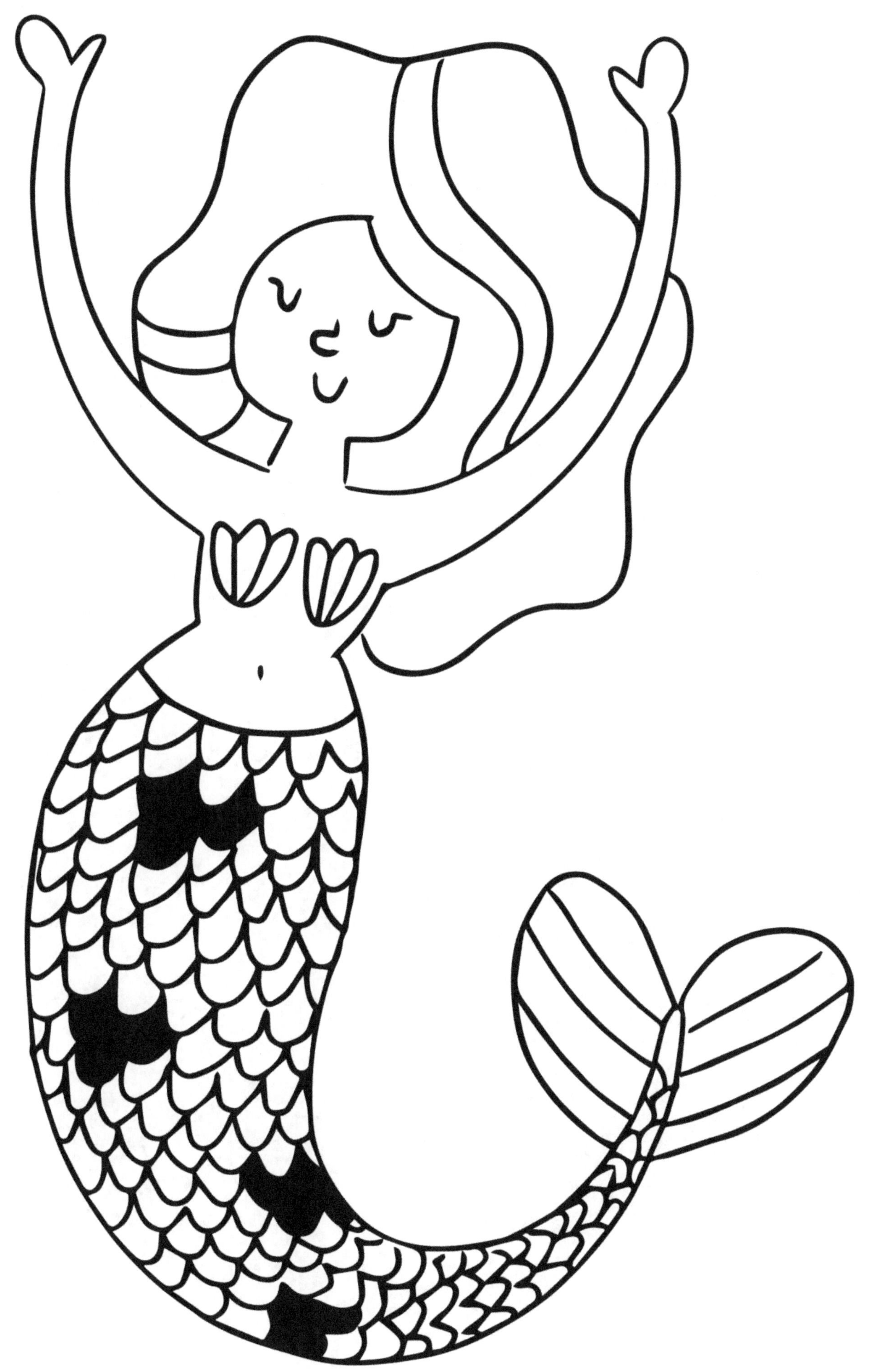

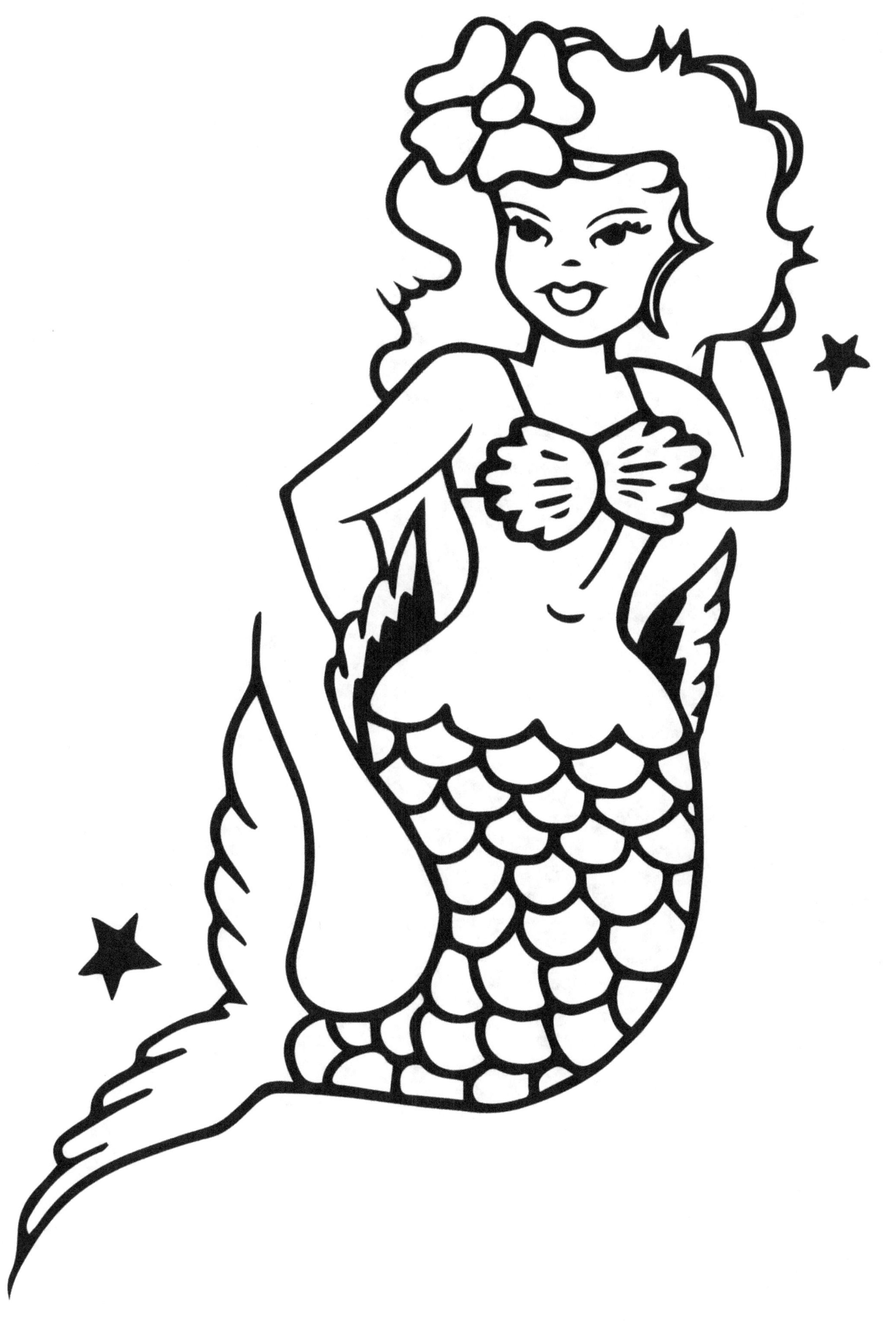

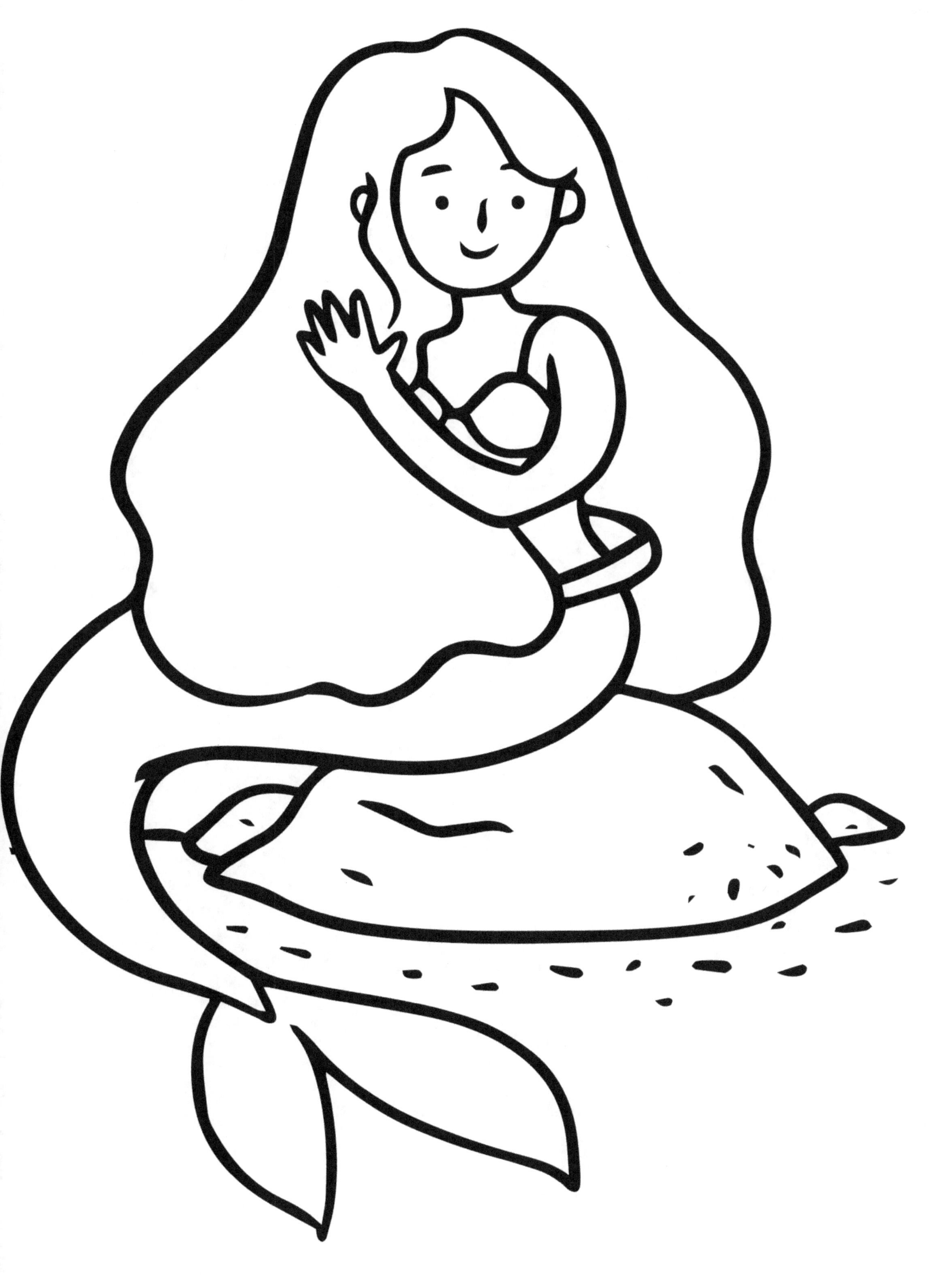

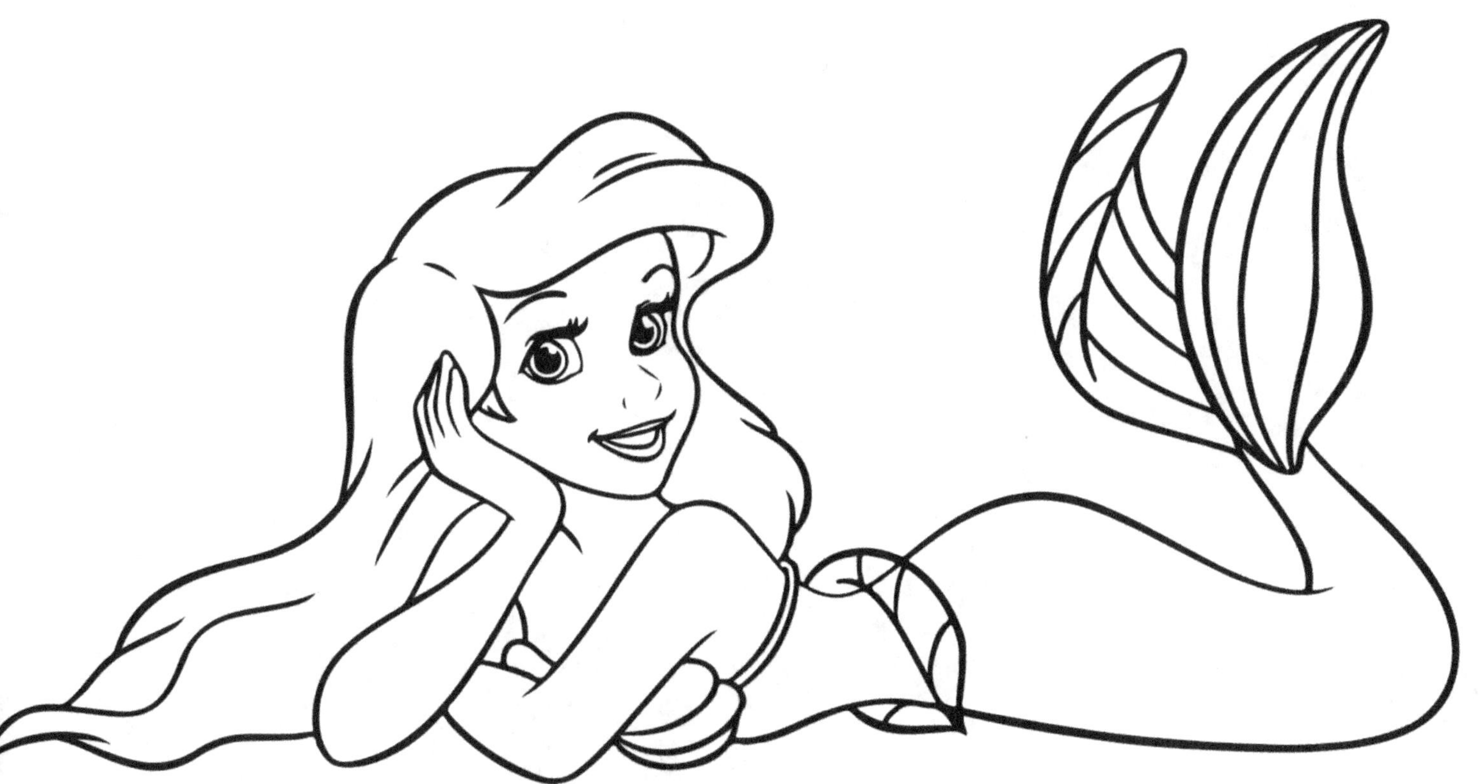

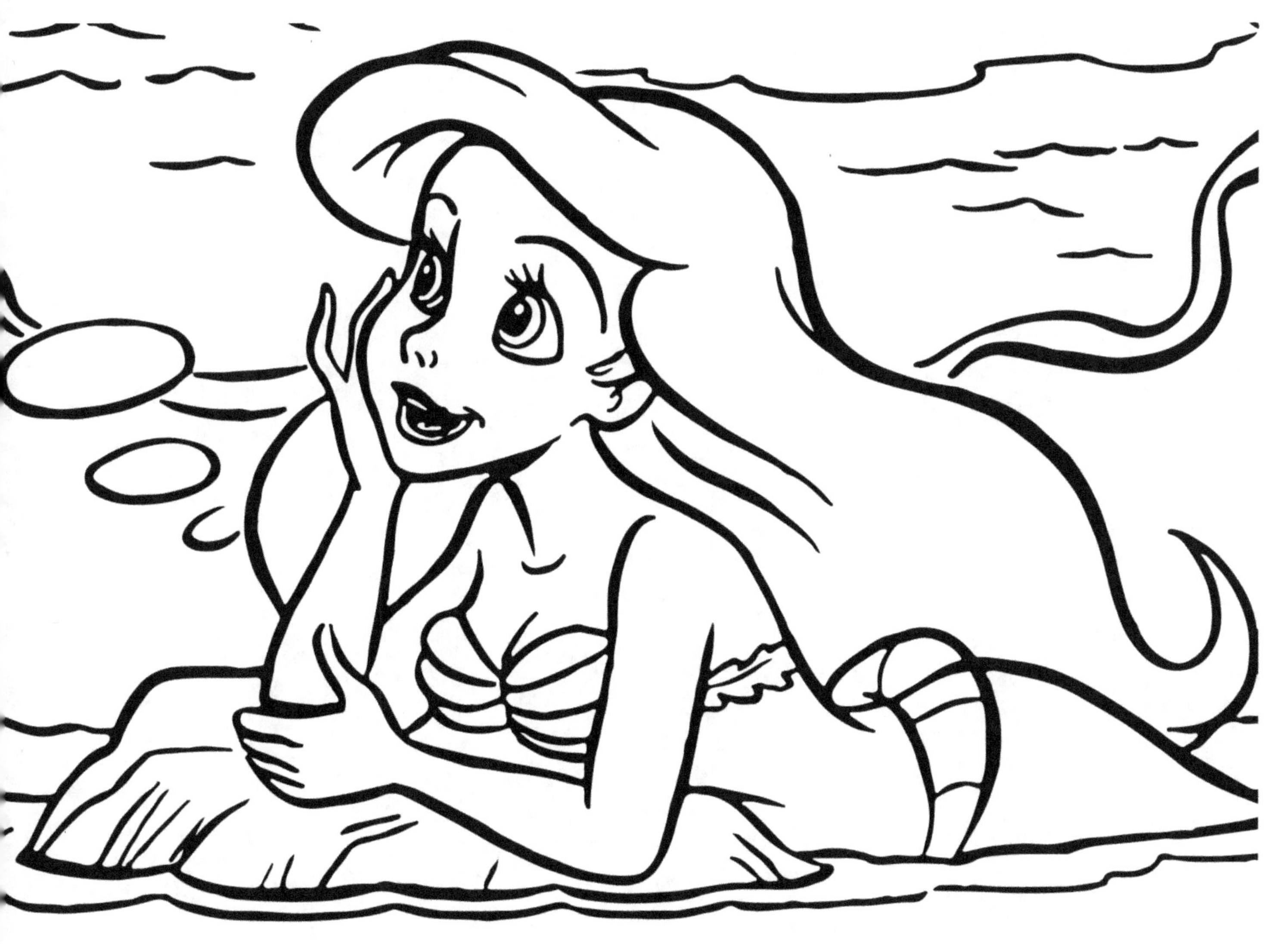

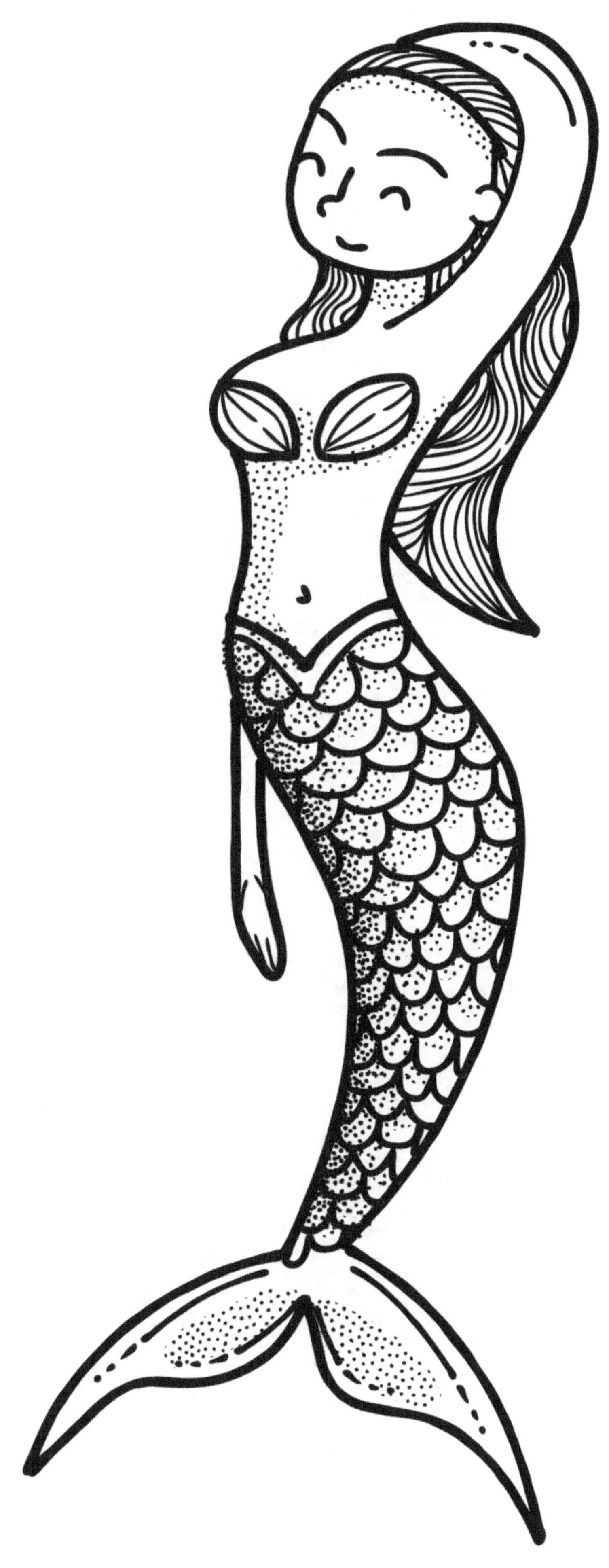

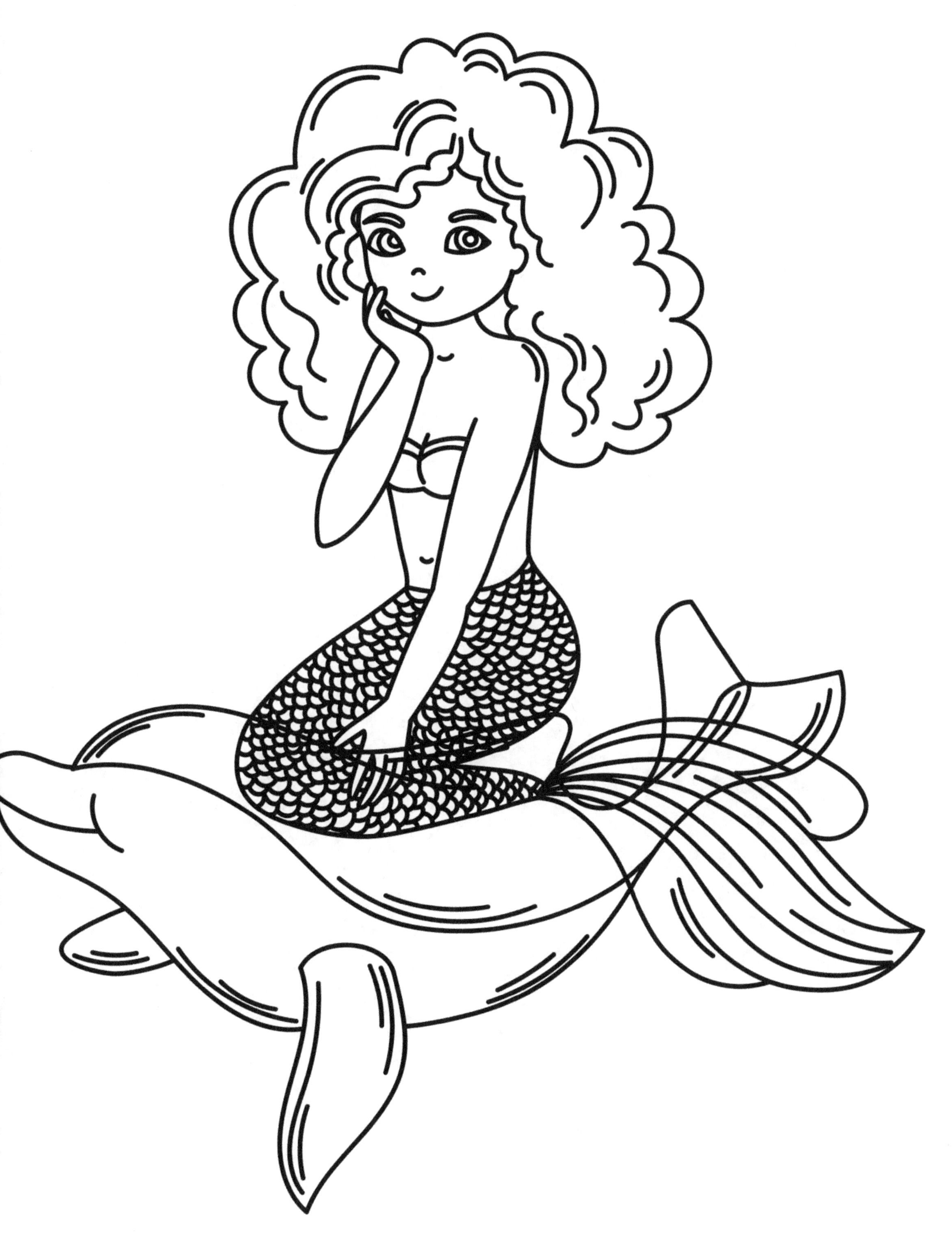

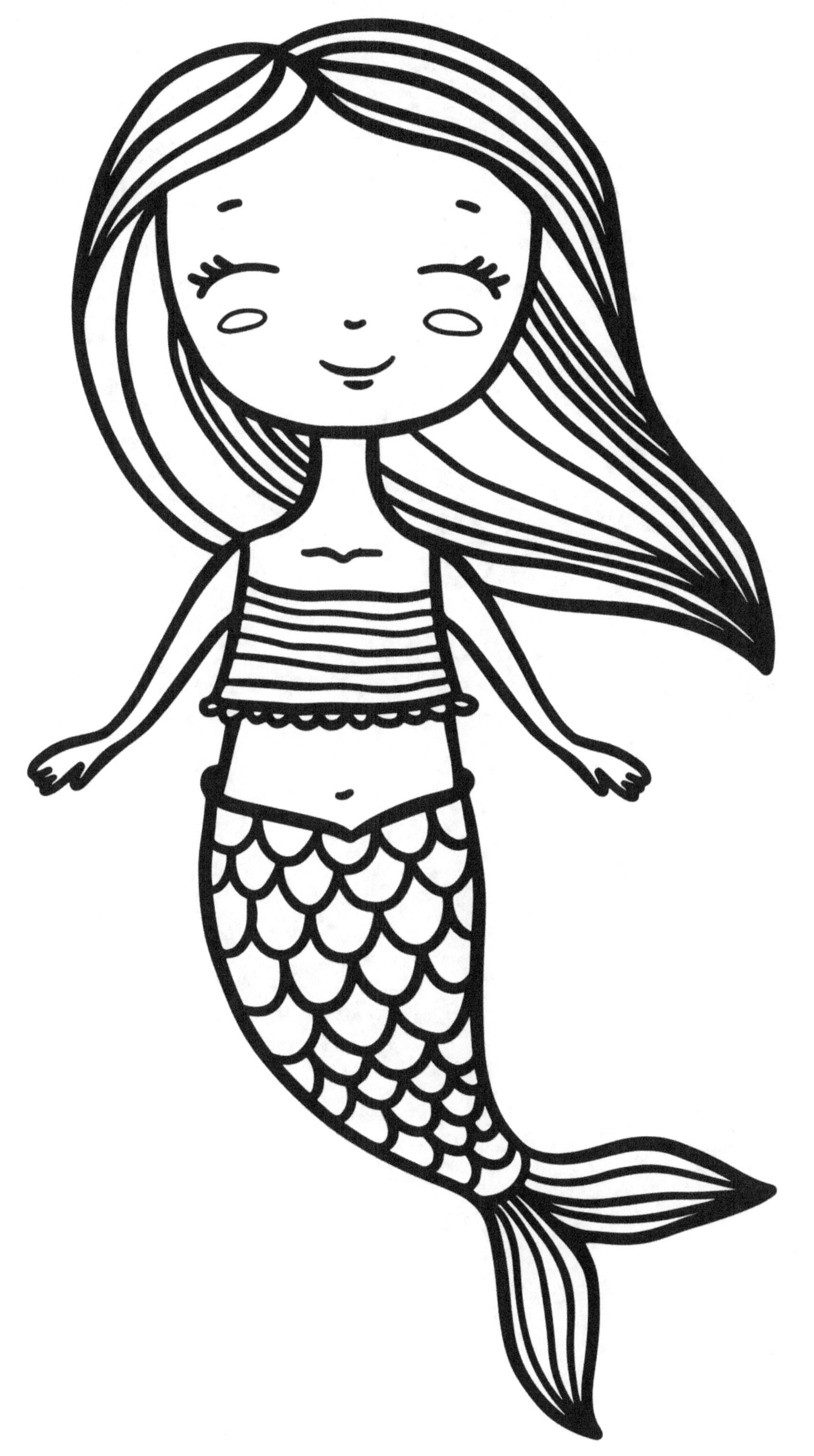

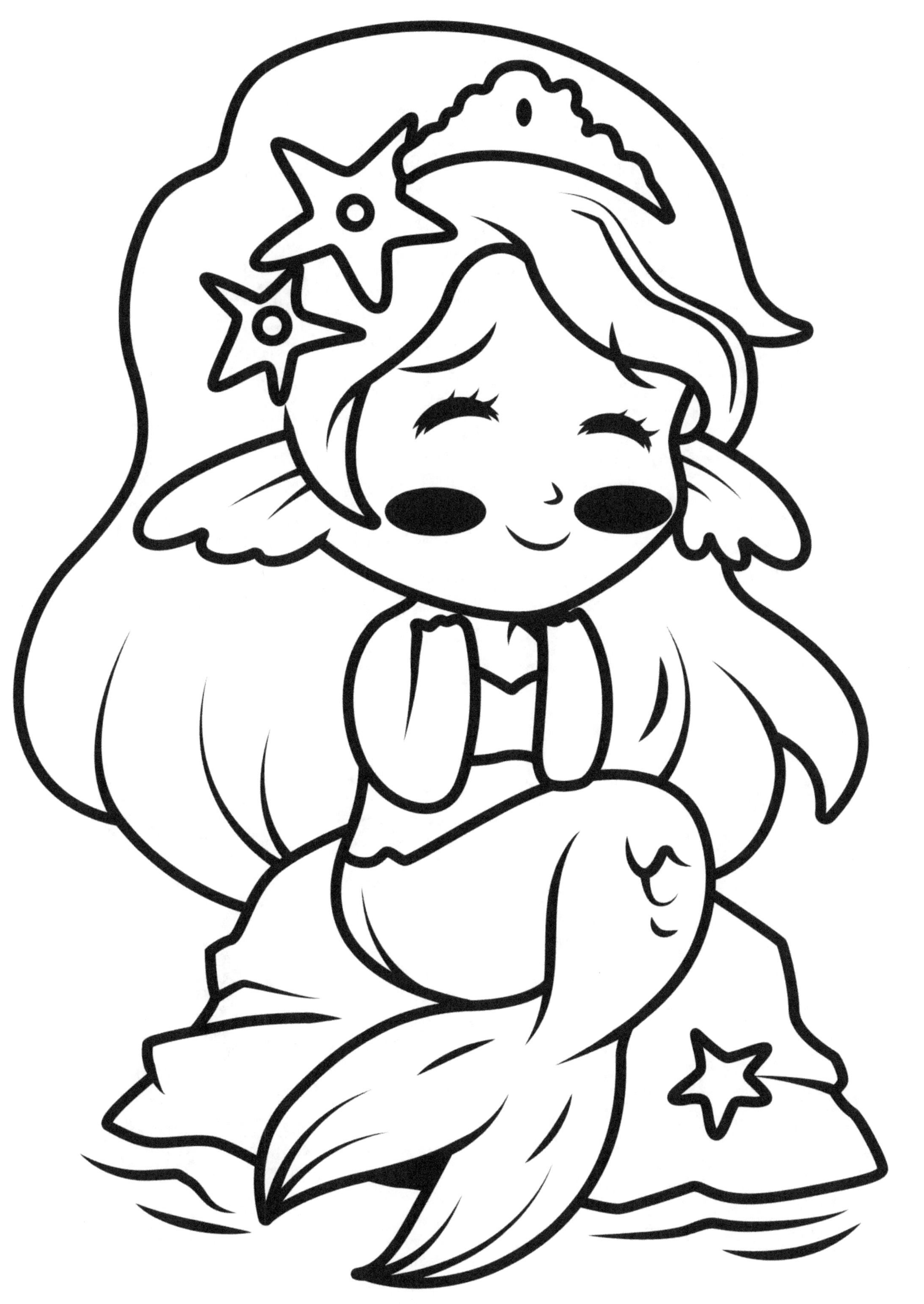

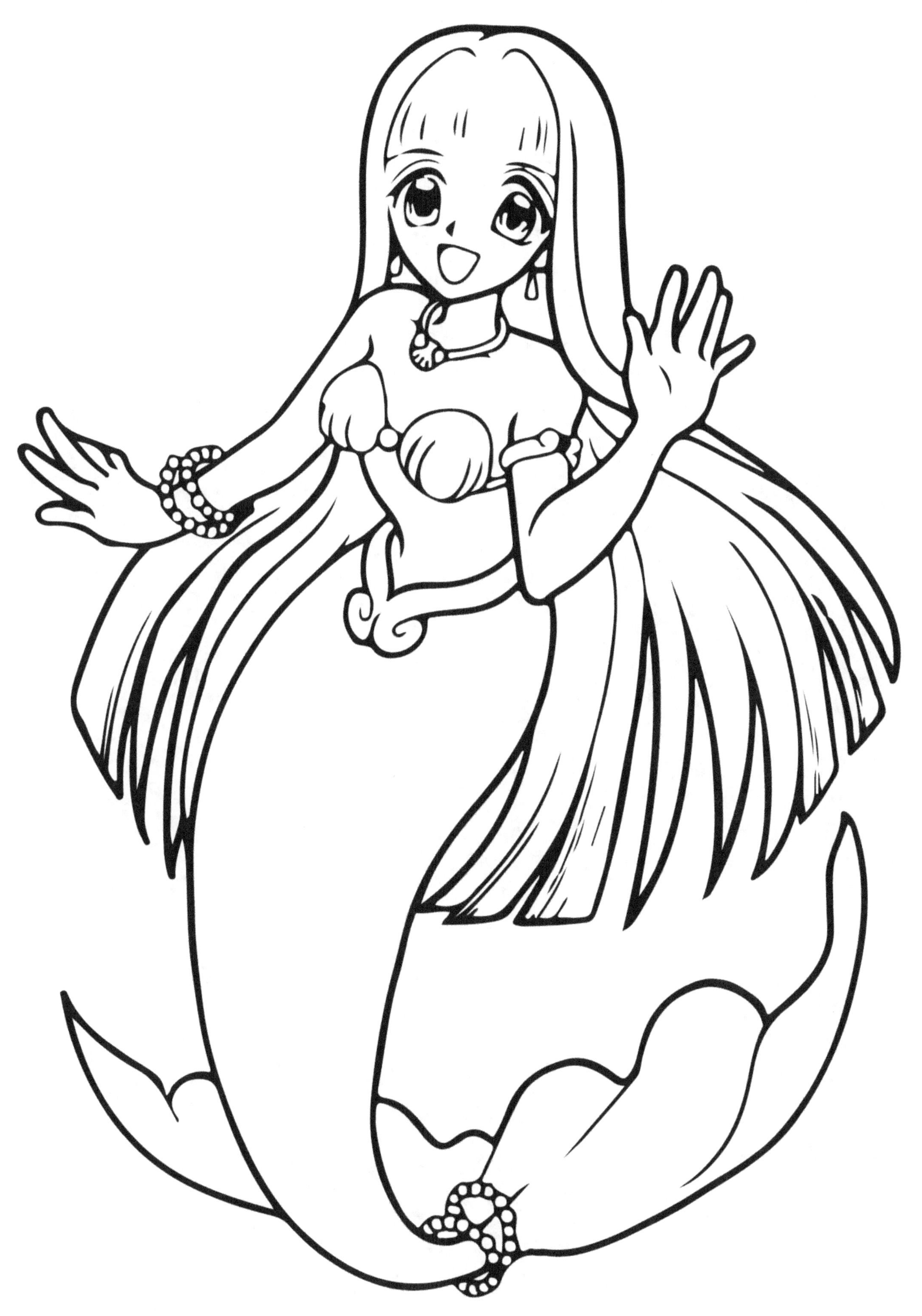

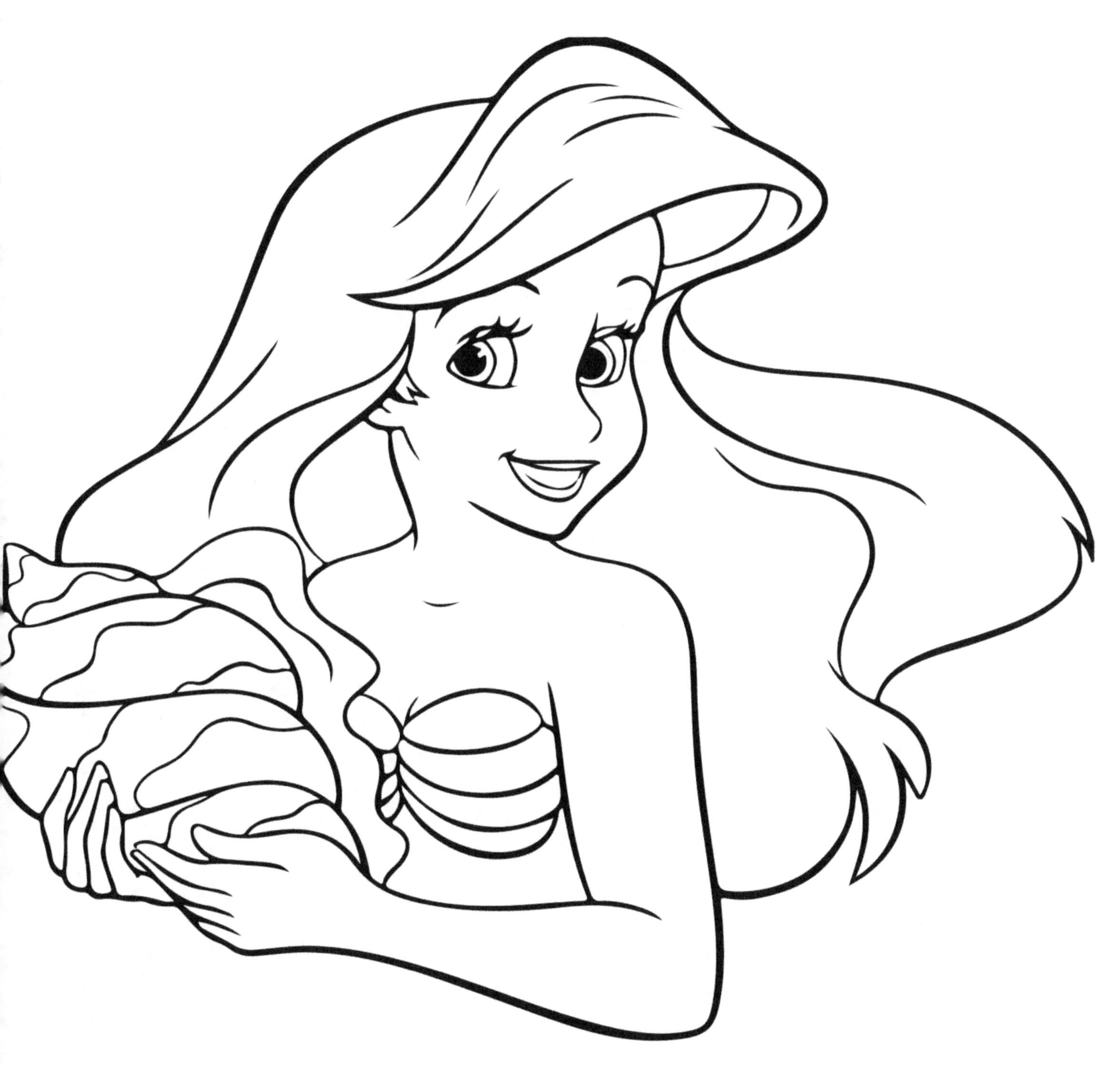

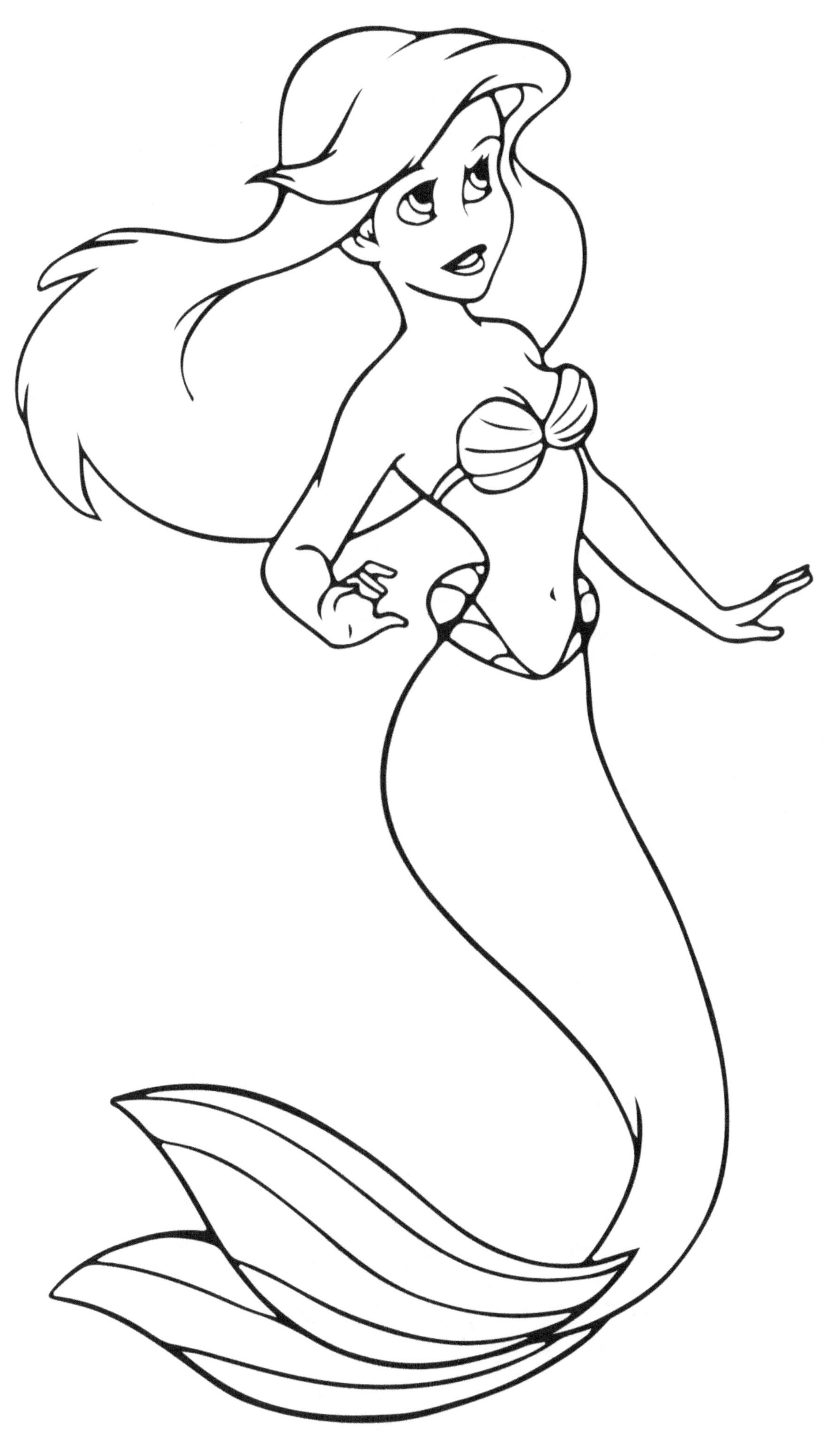

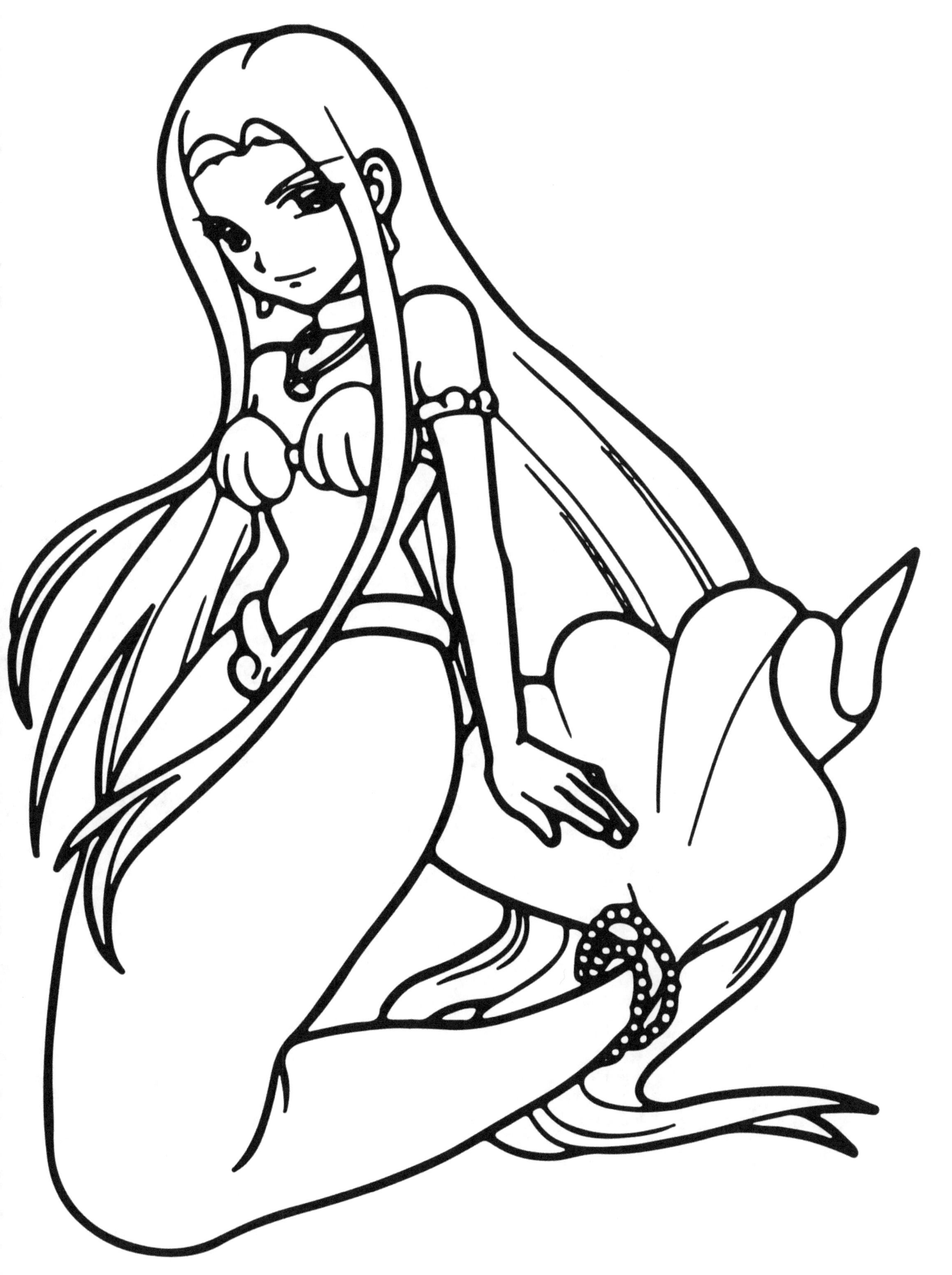

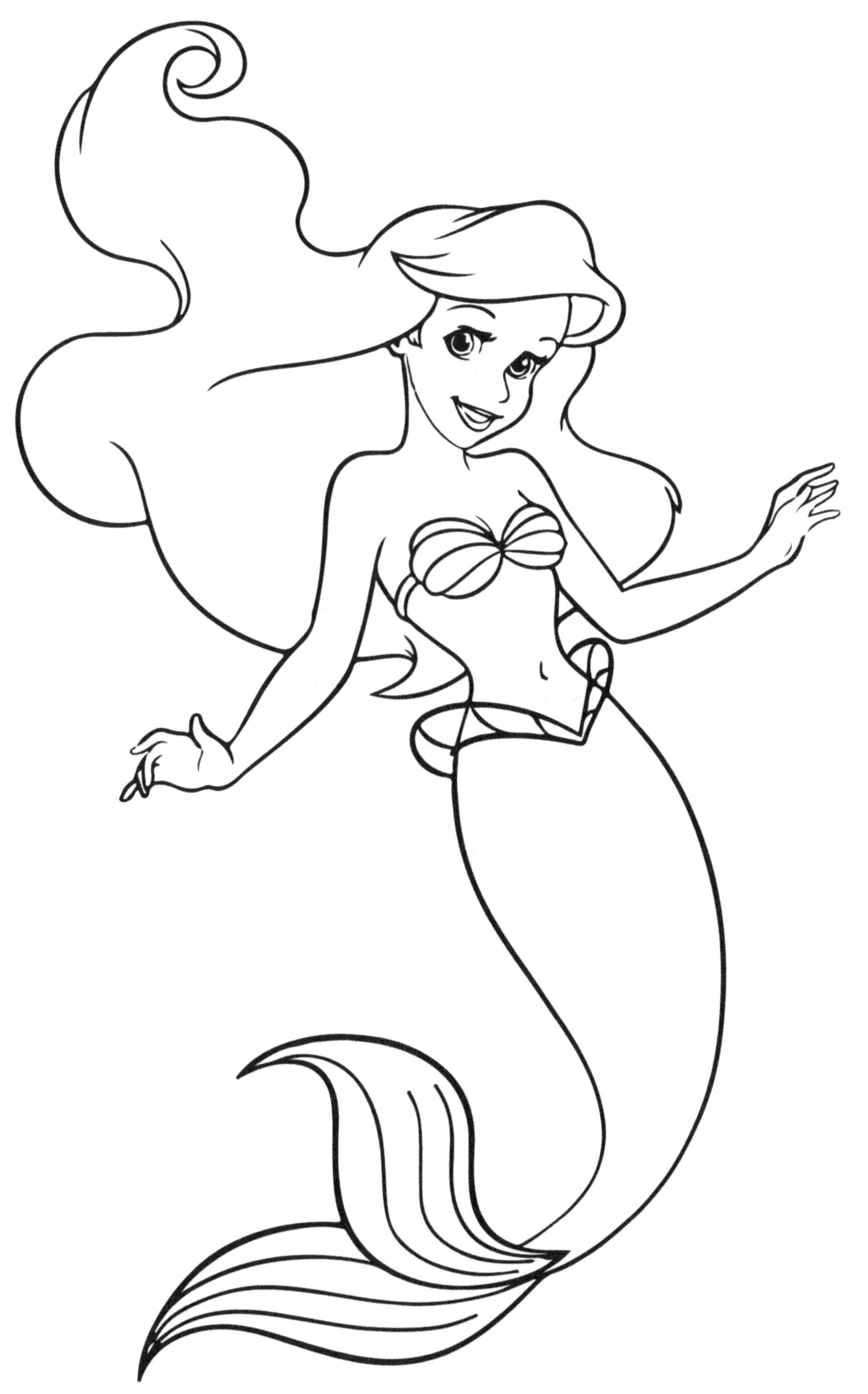

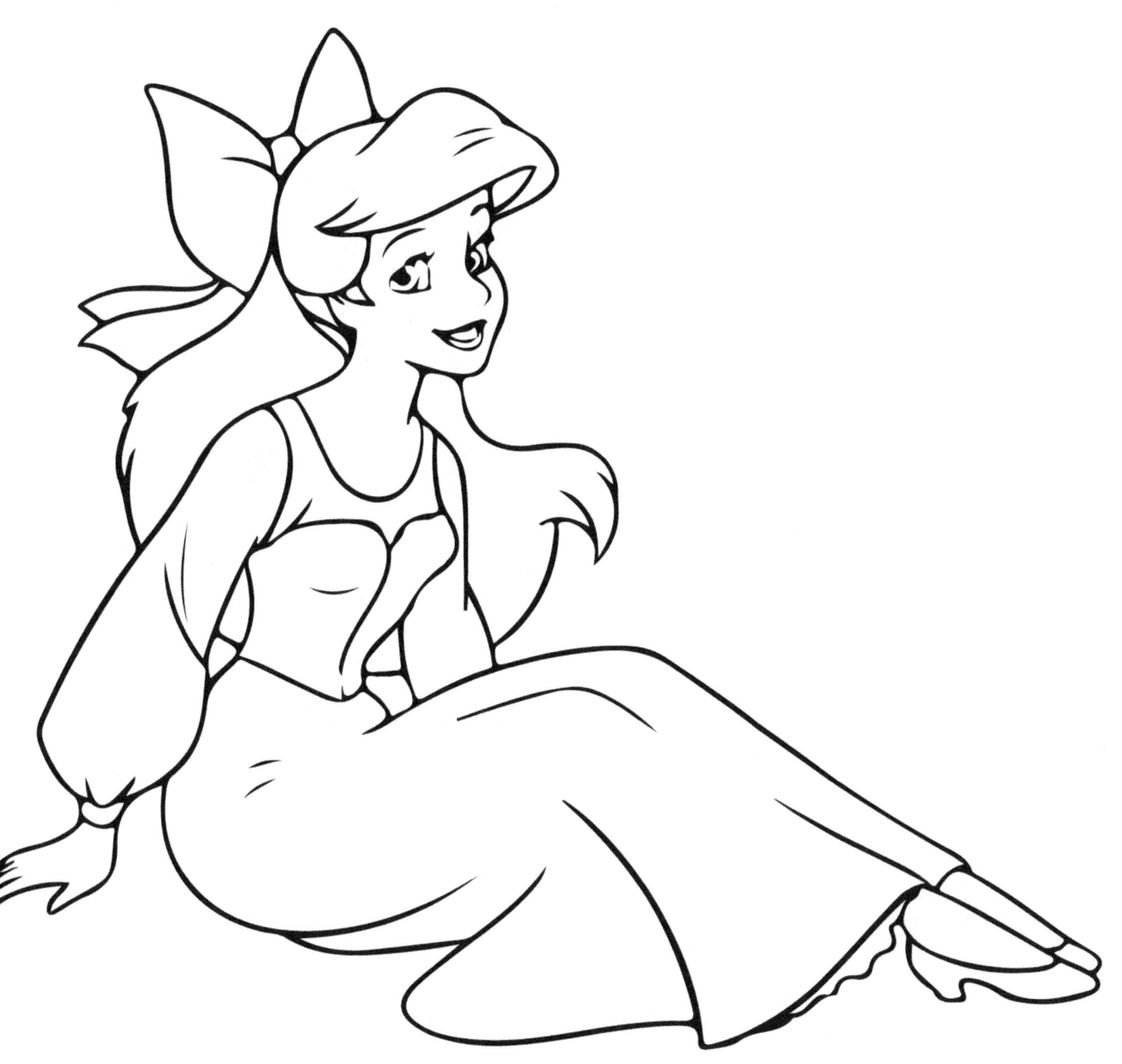

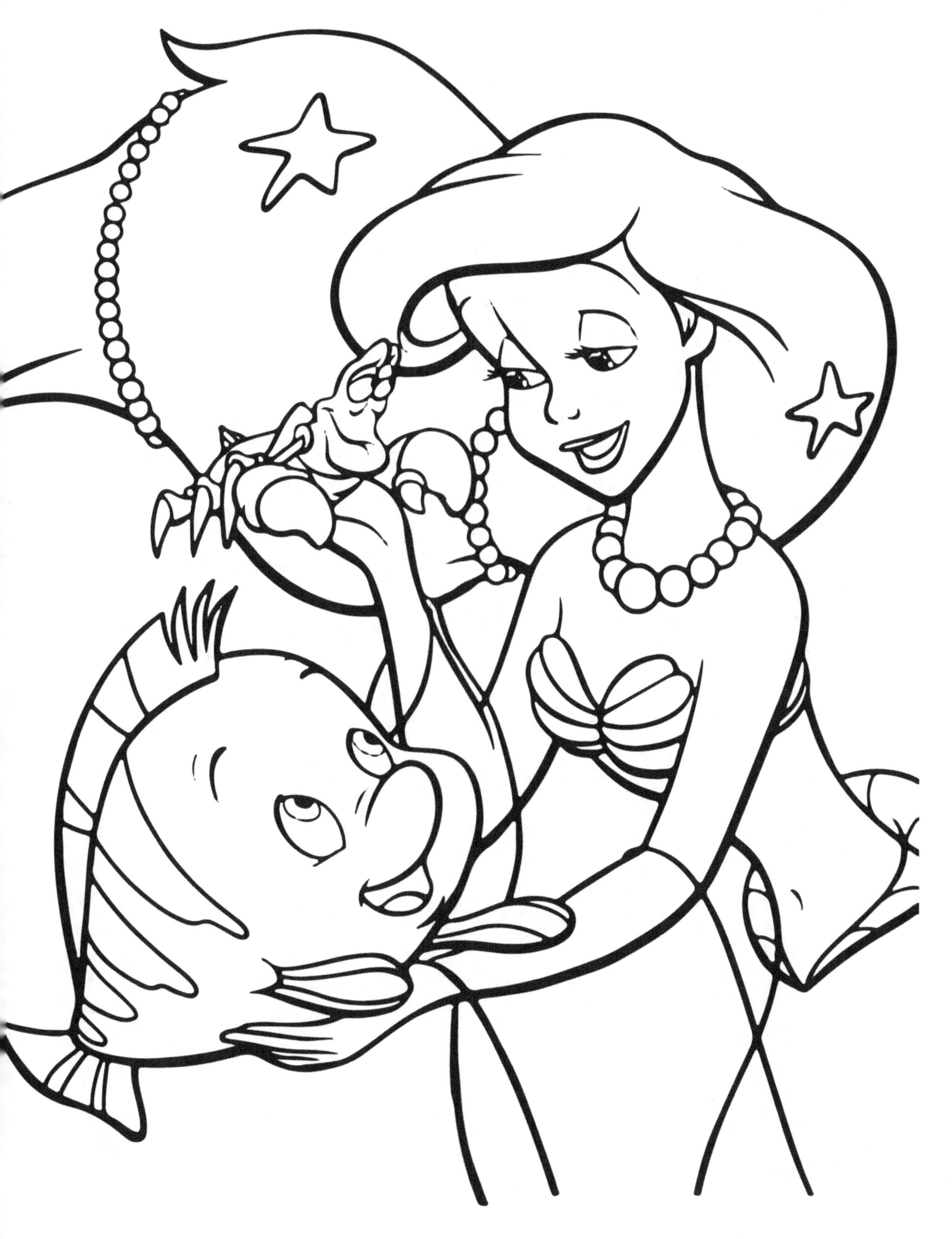

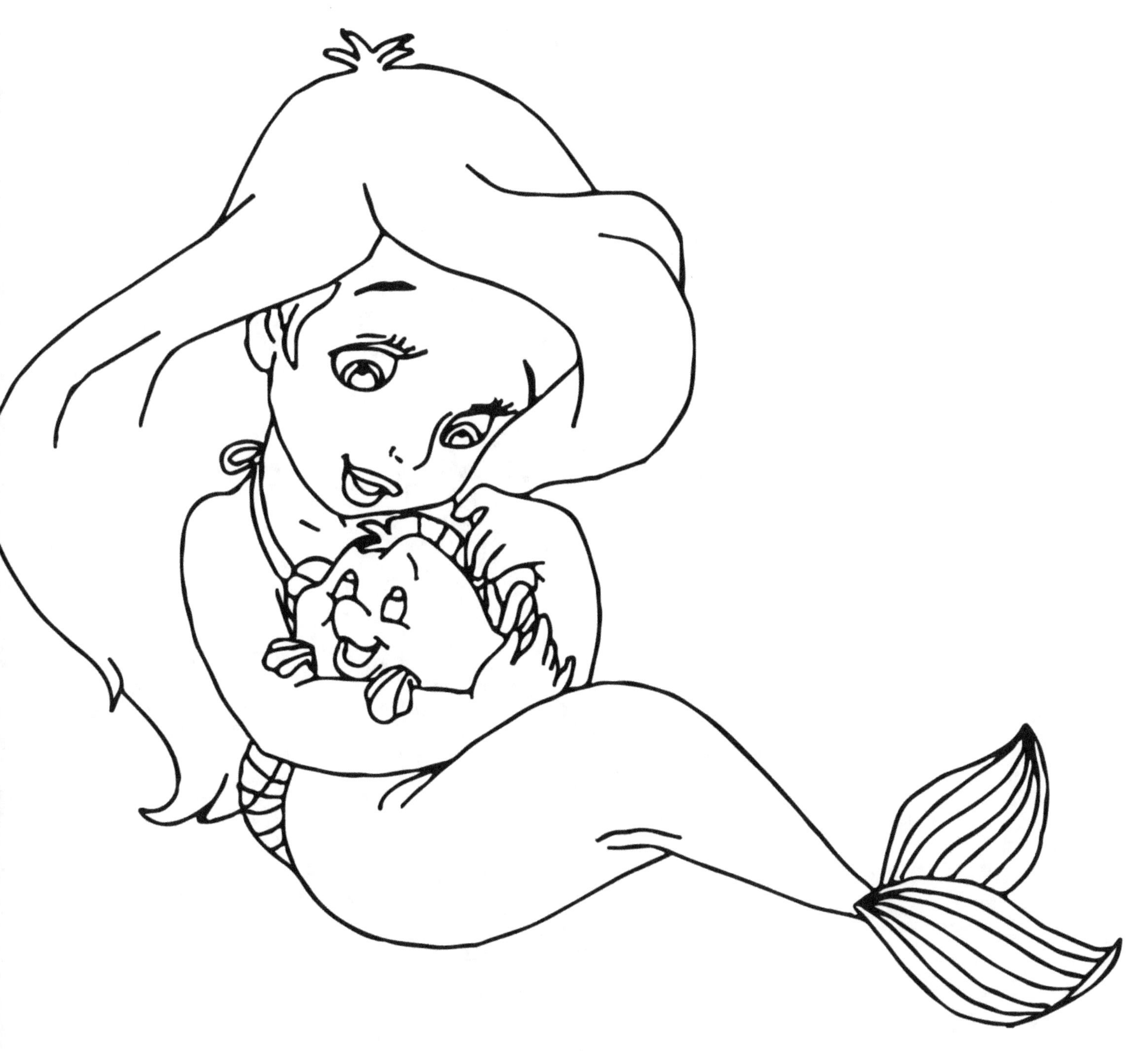

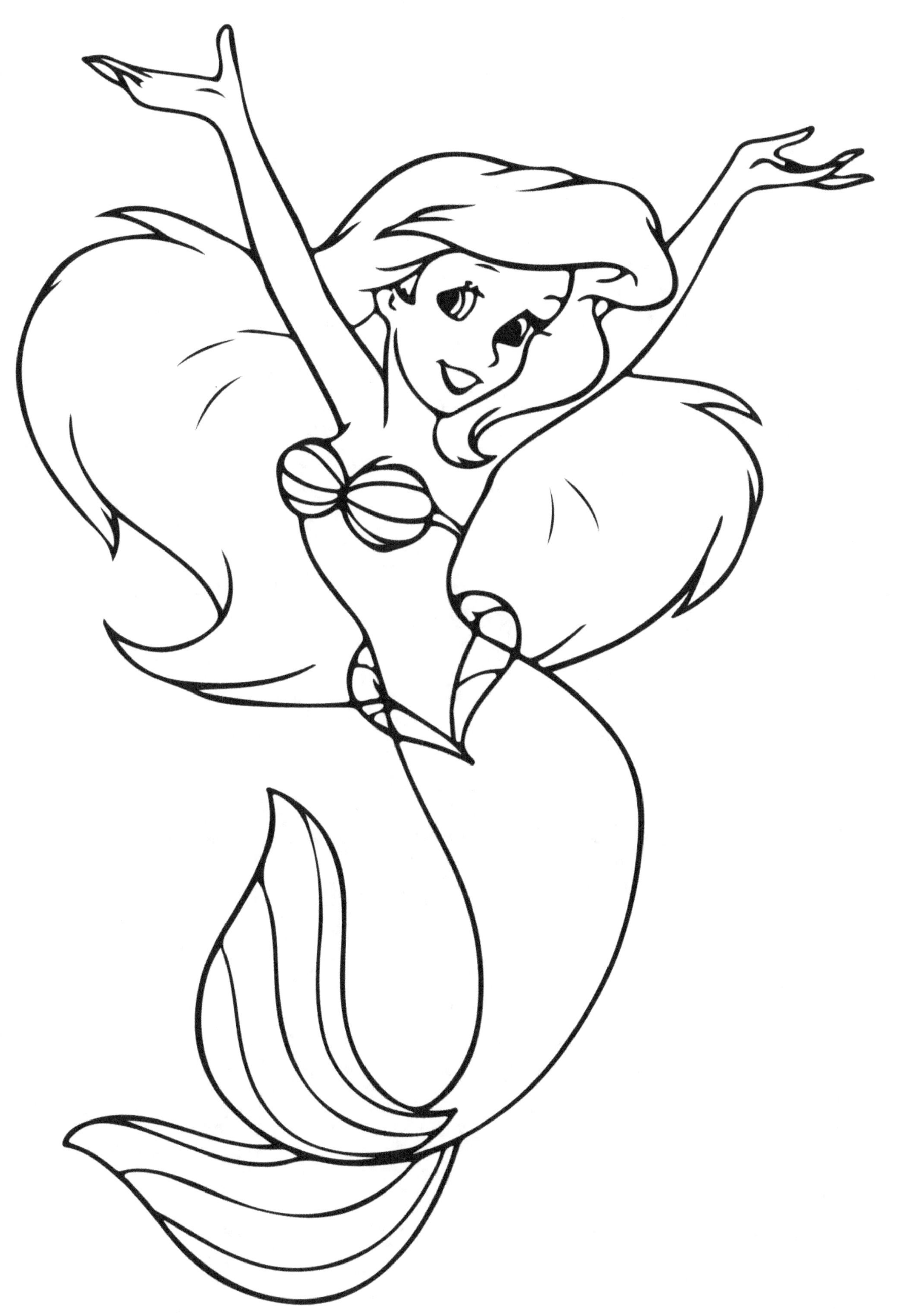

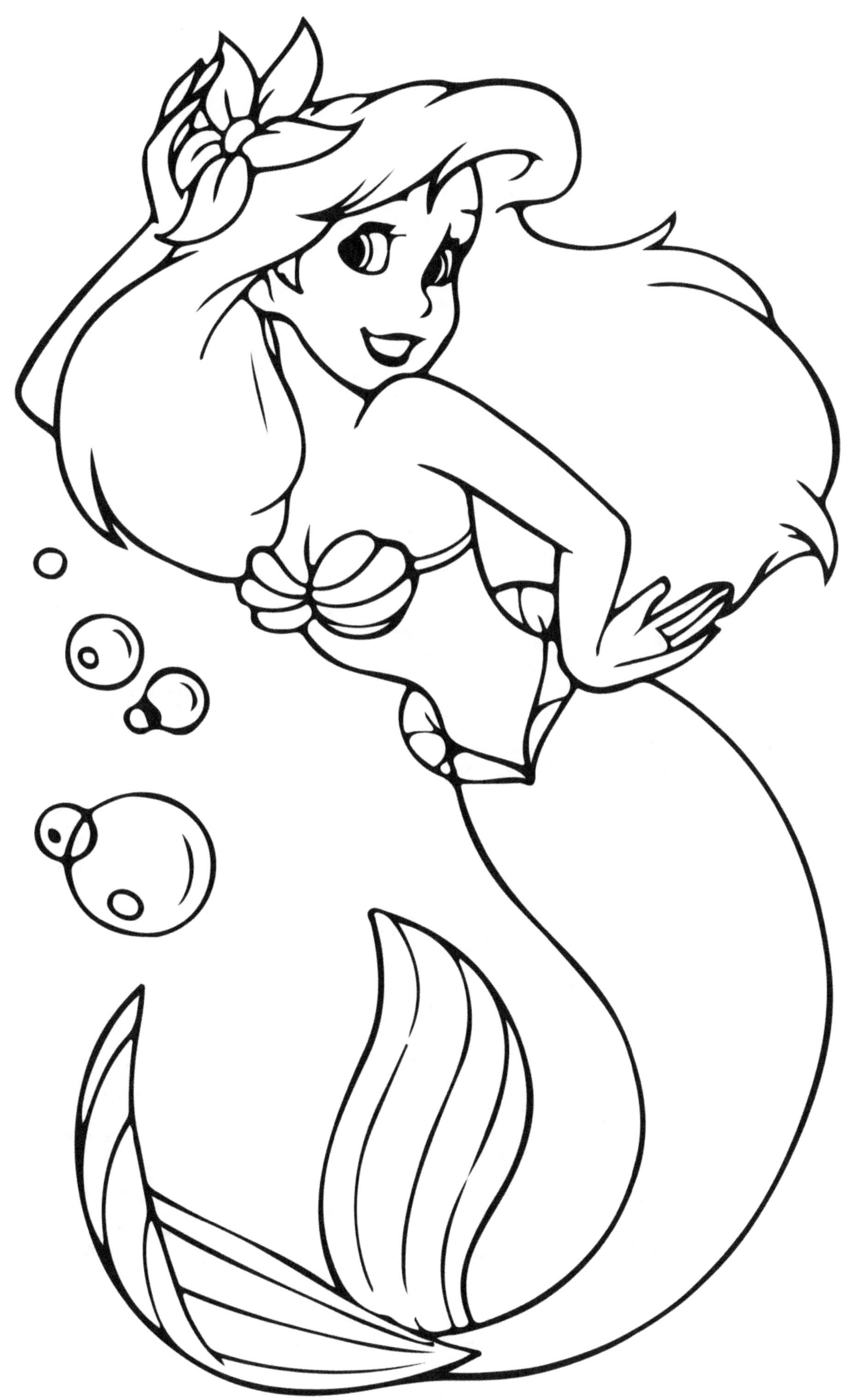

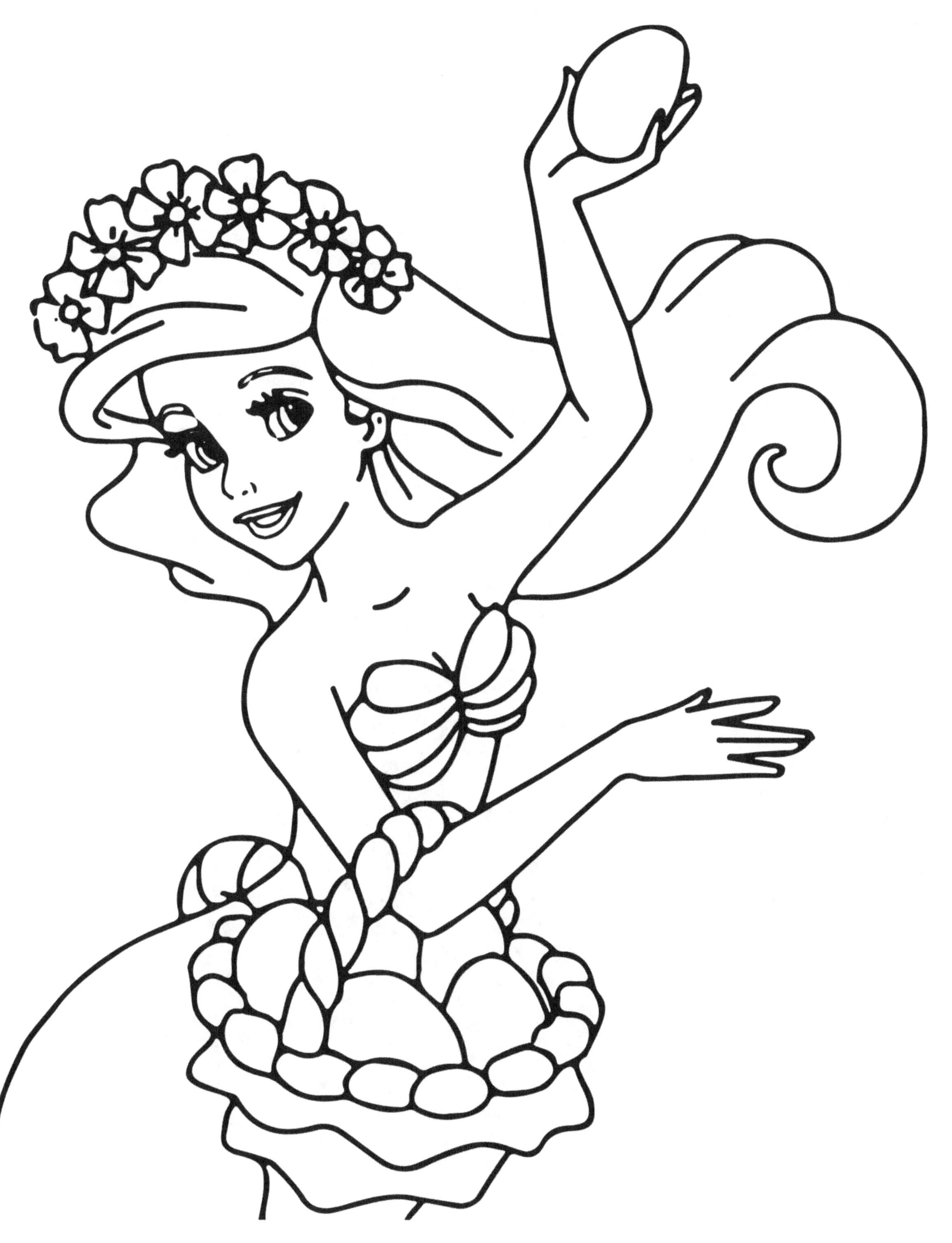

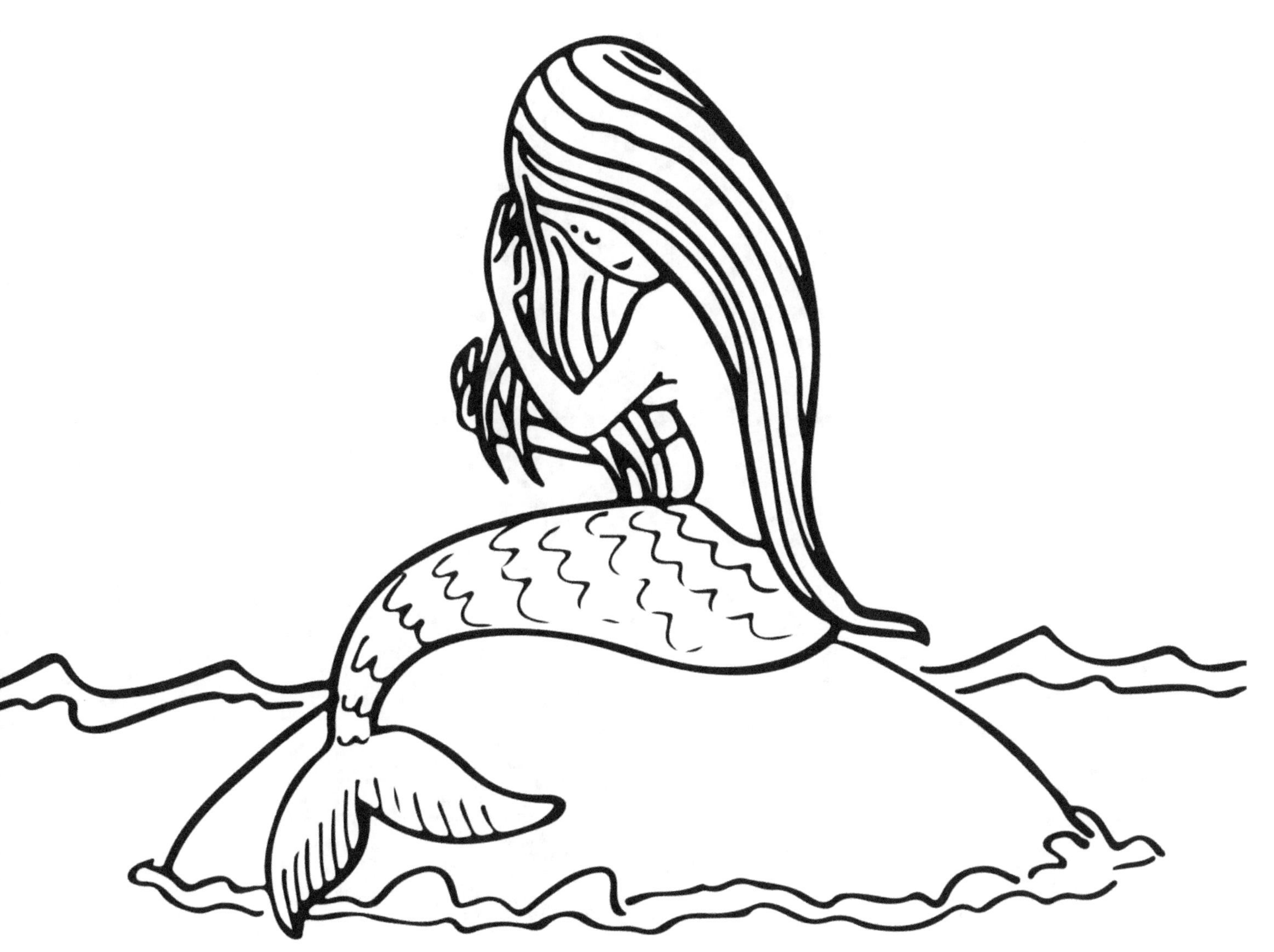

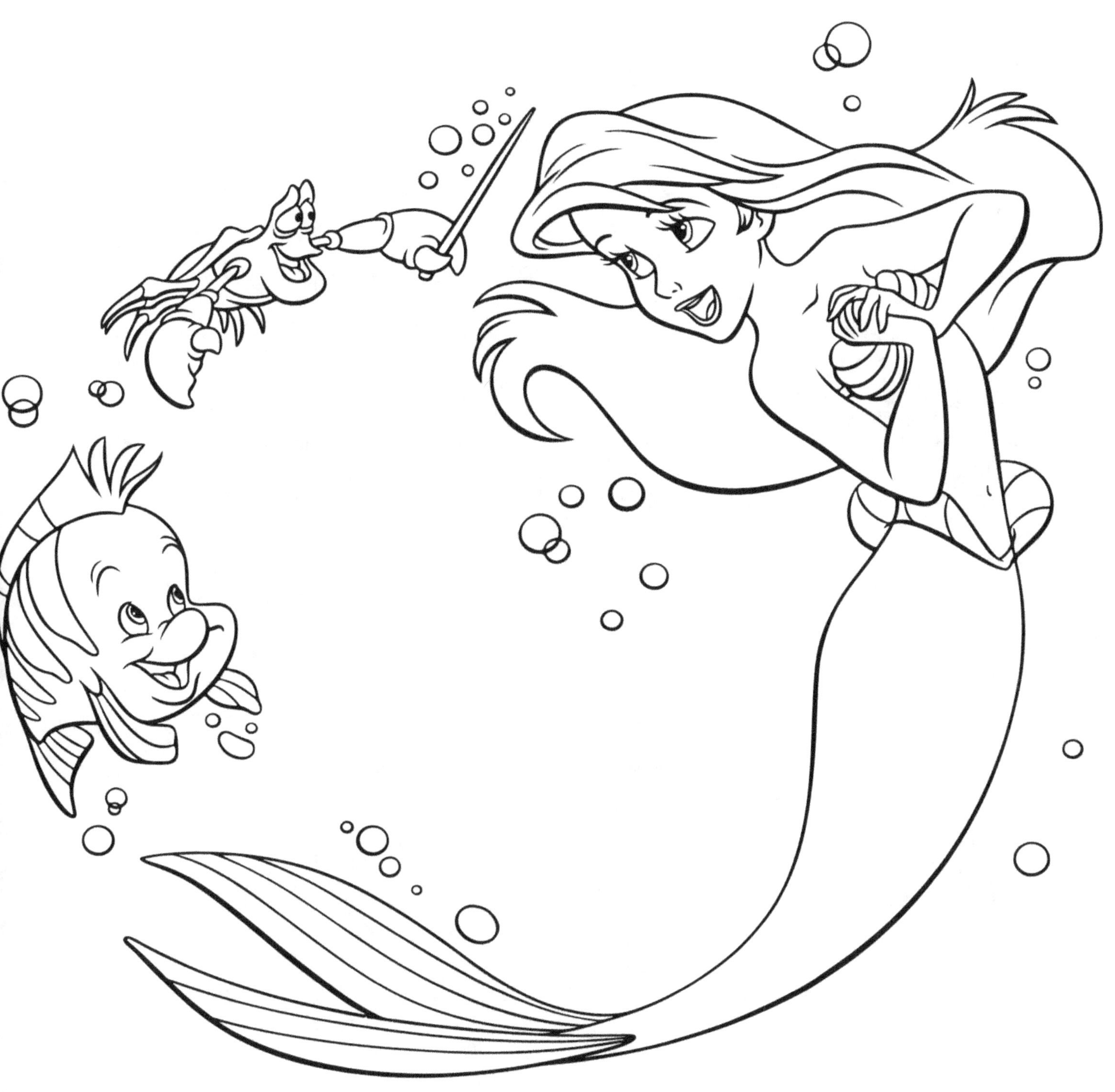

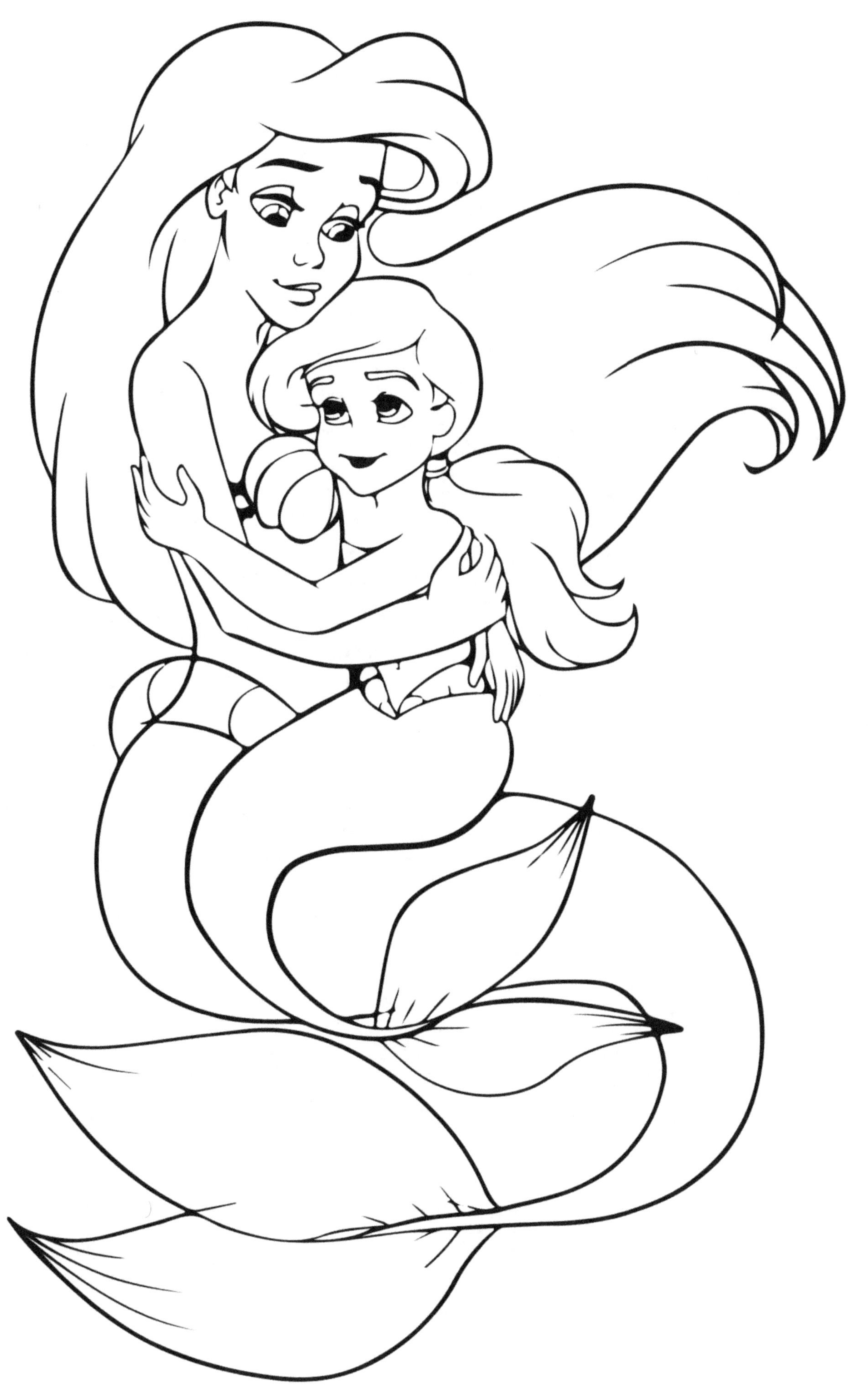

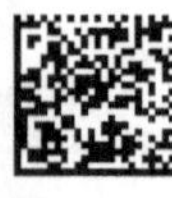

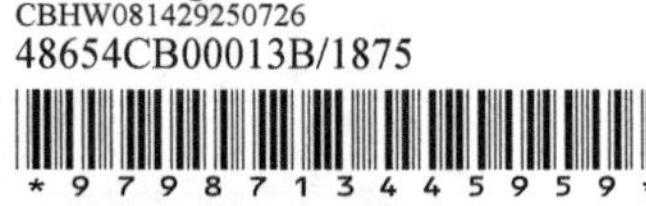
9 7 9 8 7 1 3 4 4 5 9 5 9